MW01612755

Valentine's
ACTIVITY BOOK
for Kids

This Book belongs to:

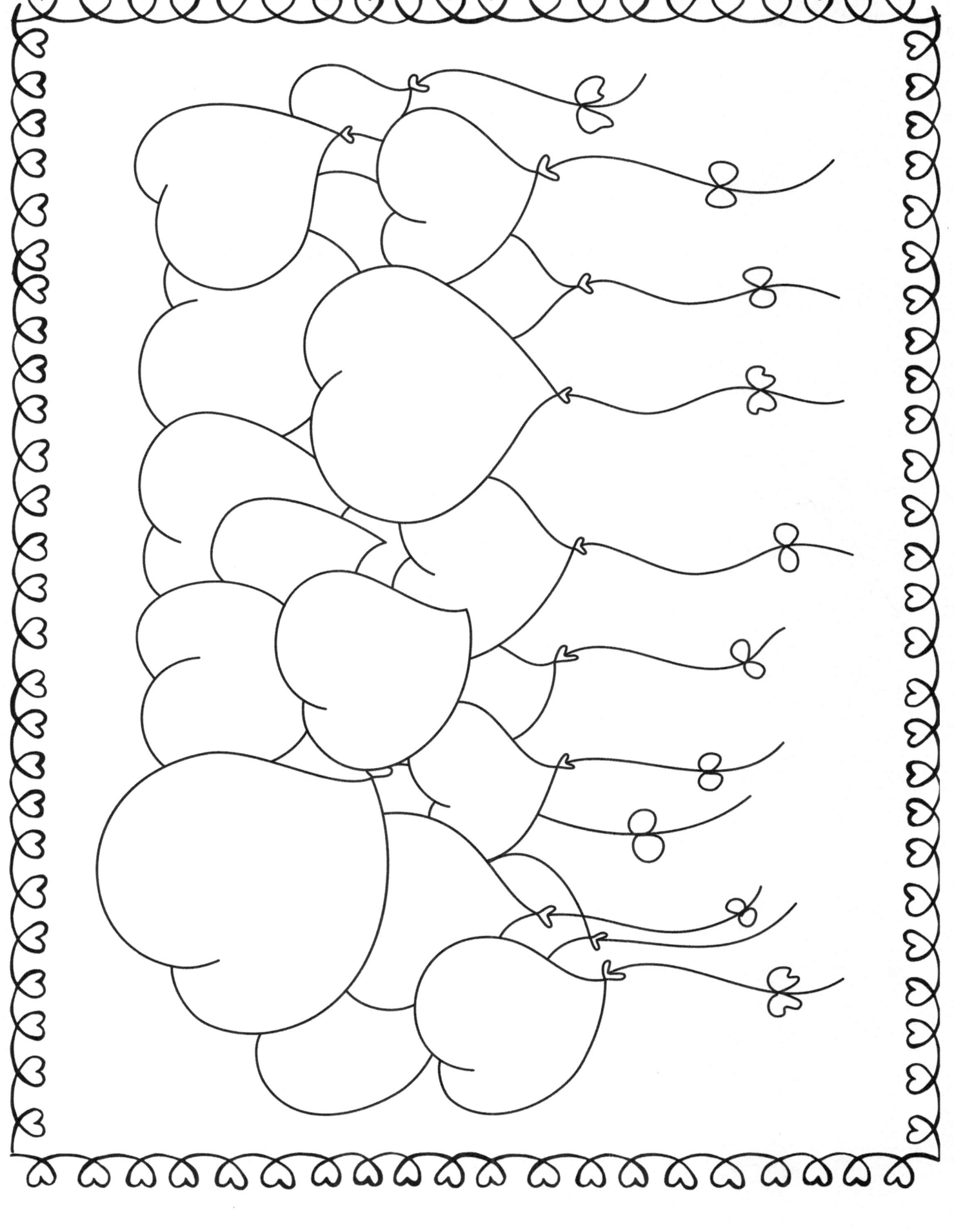

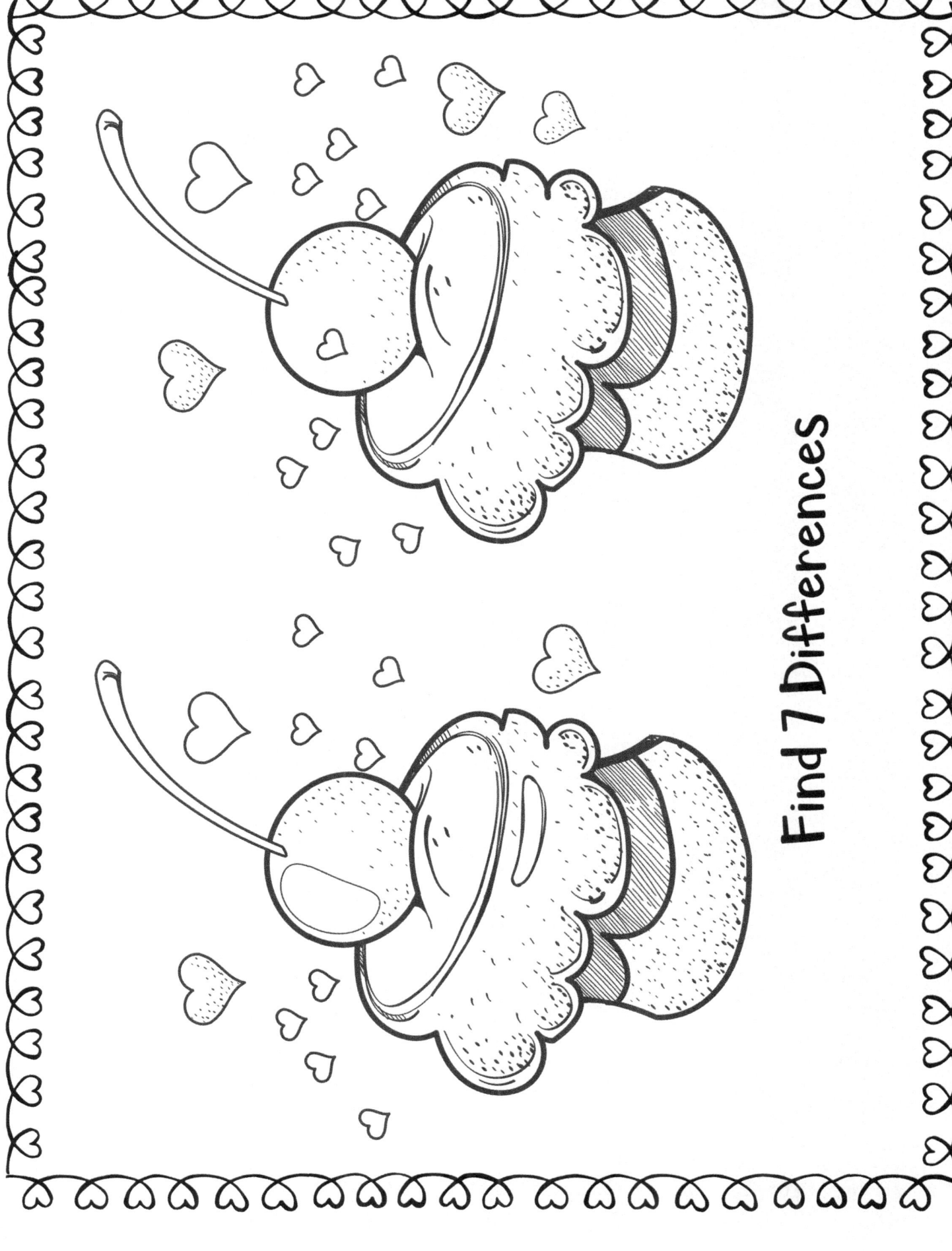

Find 7 Differences

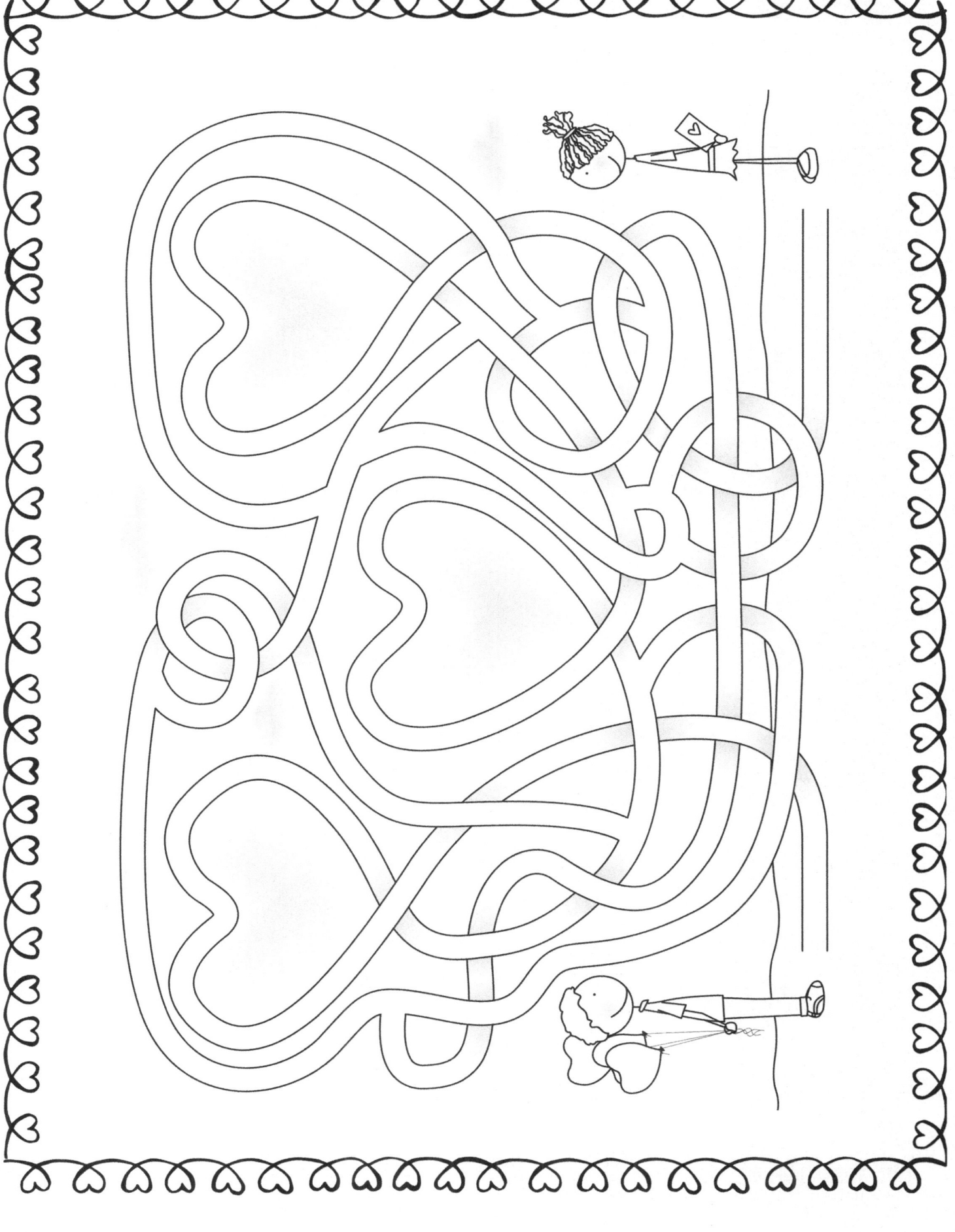

Word Search

```
A D O R E U E W O S L A U K A L I Y
F R H W R N M R F P S Z M G F R U Y
Q E N L Z C V N E T J P K Q F S Y M
A B B P T L J D I E L C A A E A I D
Y U W F H D S F H N X S L O C L R Y
B E L O V E D R S G W I V L T H T M
N B B E M I N E I B H B R N I D Y V
I H T B A H F G R Y E J D C O G Y C
W A R R O W T X N S F W Z H N R M B
U R I D C V O V L L L X Y E A M W T
Q D X E C T Q X H B P E V N D Q O Q
L H K V P L T K E I E X E E H F Y S
```

Find the following words in the puzzle.
Words are hidden → ↓ and ↘ .

ADORE   ARROW   BE MINE
AFFECTION   BELOVED

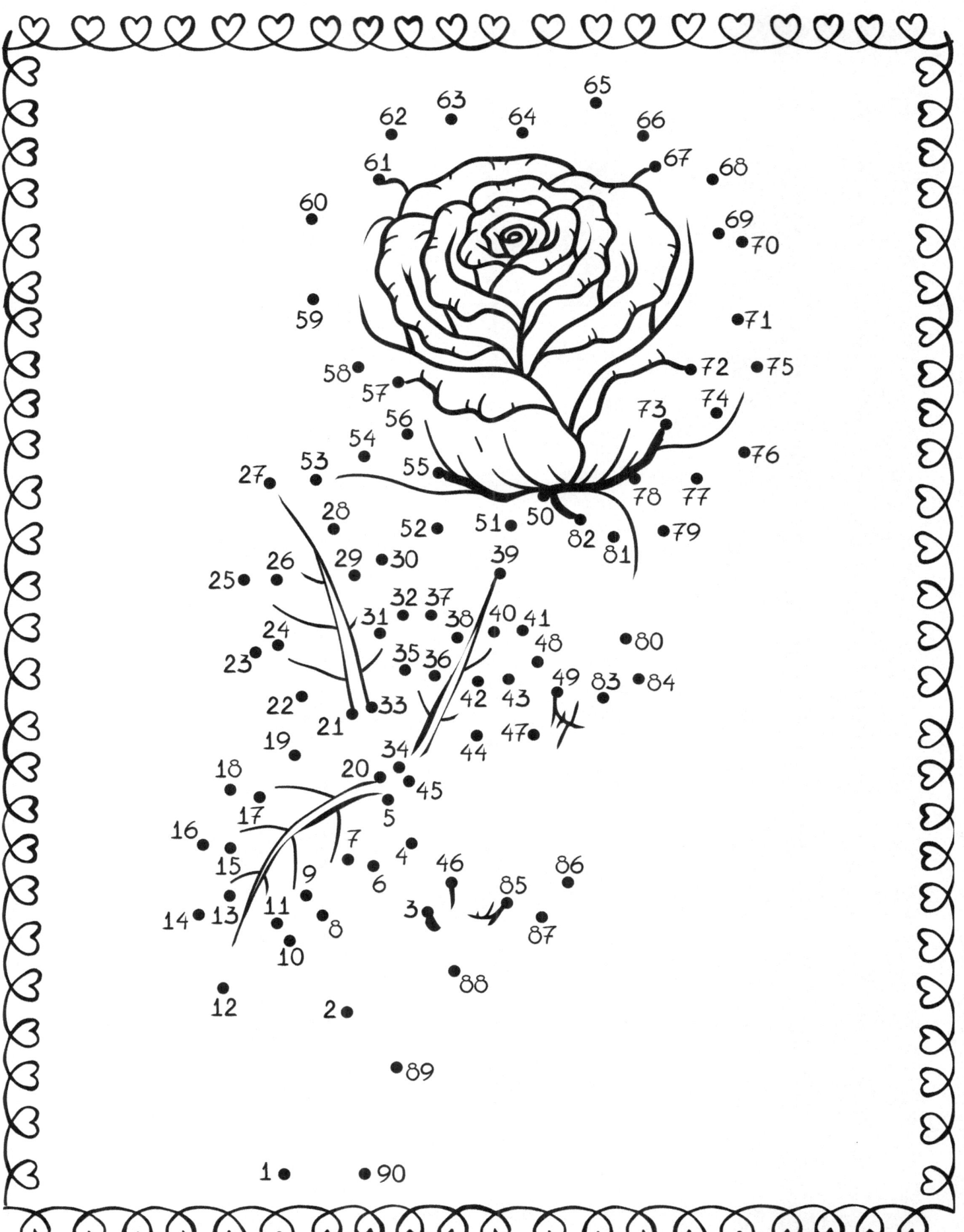

Find 5 Differences

Word Search

```
Q V C K D F E N X I X M U P C K J S
Z E X H I D K H C D W J J S O X F Y
R B F G A Y H C H O C O L A T E T O
P B O I V M O U X G V X W T W D X J
S C Y Y L P P Y R K F C X N E H M P
M A U G F Z G A C F O L H R Q N M A
Z N C Y O R W T G J M E C E C L Q D
L D S U R R I S V N G F T U R Z U Q
G Y S P J K C E W C E J B T J U C V
Z S X D M C P M N A C I S E L C B J
X R Z Z H K P S A D X B R Z O G R Q
J J I D H Y M F D B F J U A Y V T Q
```

Find the following words in the puzzle.
Words are hidden → ↓ and ↘ .

BOYFRIEND   CHAMPAGNE   CHOCOLATE
CANDY   CHERUB

Find 6 Differences

Word Search

I	C	F	S	U	R	M	N	I	M	U	Q	U	K	S	Y	O	S
E	U	B	G	U	L	Y	A	G	G	D	A	R	L	I	N	G	Y
O	P	F	T	O	D	T	V	O	I	K	K	J	T	Q	D	X	Z
T	I	R	O	E	N	W	N	X	R	R	B	O	S	S	V	H	W
Q	D	B	Y	Y	X	F	R	S	F	N	L	T	L	H	P	B	N
C	O	W	K	X	H	V	D	C	L	I	H	F	G	I	Q	N	C
A	L	M	G	L	N	N	I	G	O	W	Y	U	R	I	O	D	S
E	M	B	L	W	G	N	Q	W	W	E	A	M	S	I	F	P	Z
B	W	A	L	N	K	W	O	G	E	R	U	L	C	G	E	T	K
E	G	P	M	O	T	B	M	G	R	V	W	A	F	V	Q	N	S
I	B	T	M	X	S	O	M	J	S	I	F	H	D	Y	T	Q	D
S	E	F	R	J	A	T	L	G	M	G	S	W	V	H	E	T	F

Find the following words in the puzzle.
Words are hidden → ↓ and ↘ .

CUPID   FLOWERS   GIRLFRIEND
DARLING   GIFTS

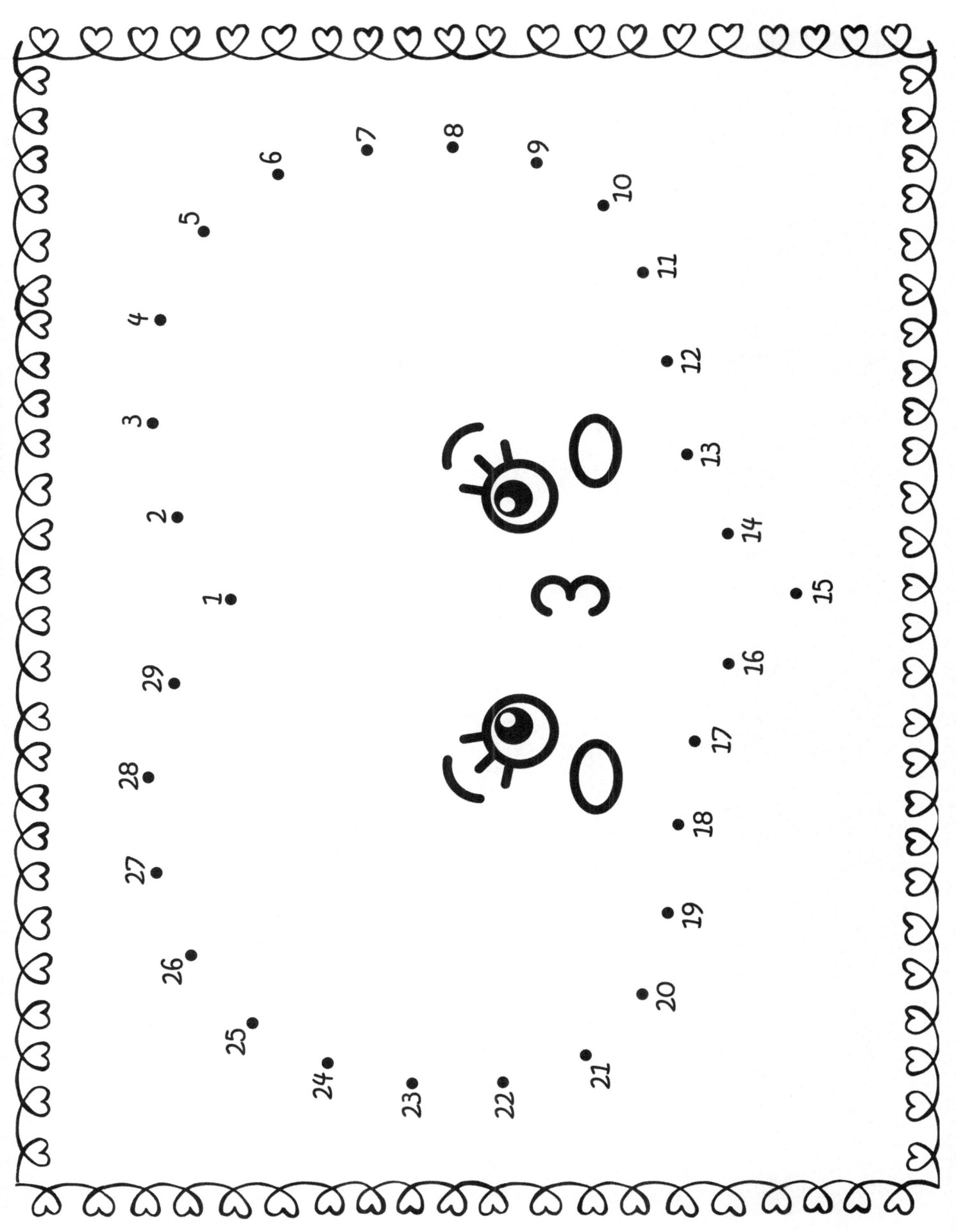

Find 7 Differences

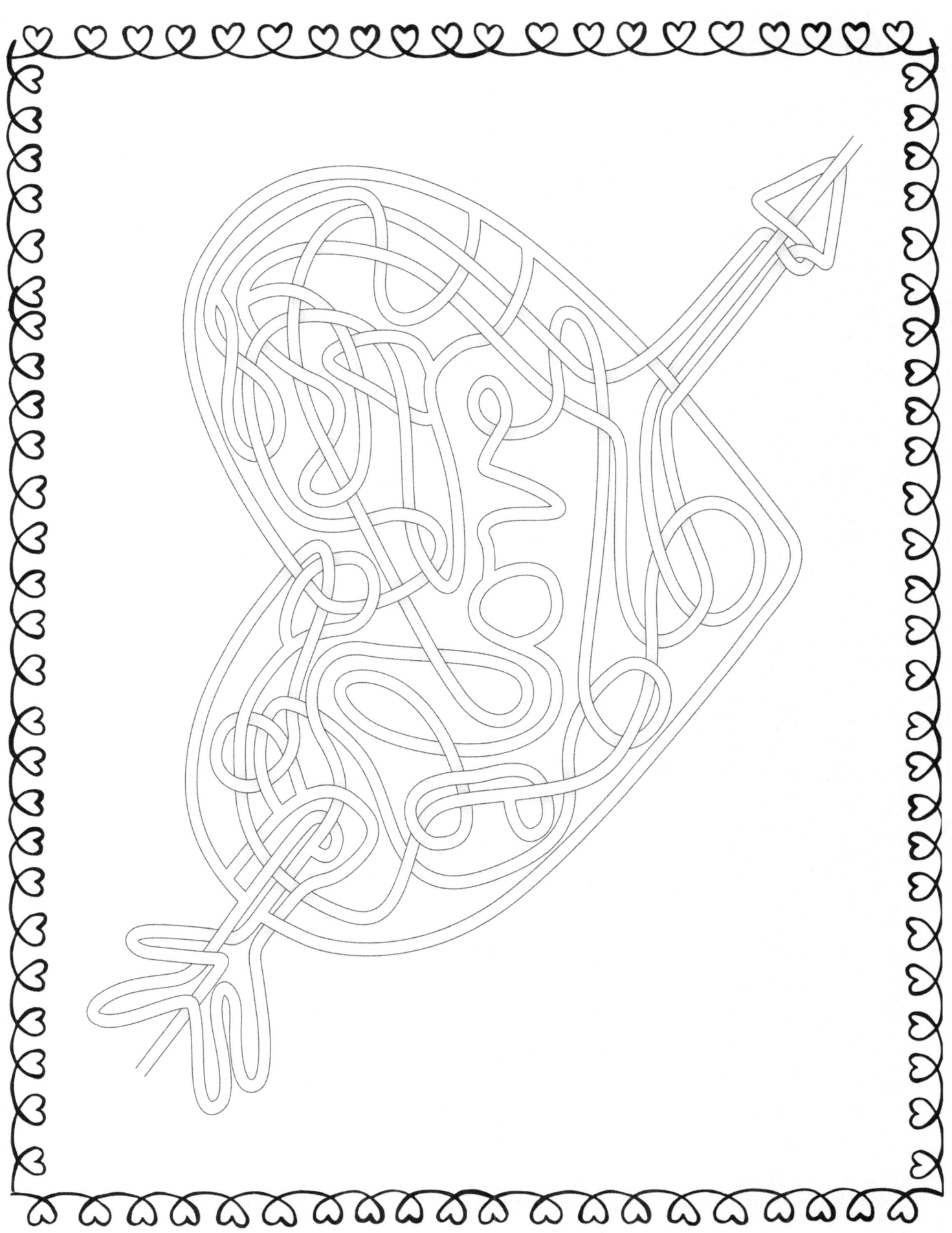

Word Search

```
M K J Z G C M A U R V U U A C Y O E
K L C F O D H M O K F G F O Q S V Z
G U G H U L U W A I T R H Q R S X G
P H E A R T S J S S J K O U O P U M
P F Z K C C Q Z J S B Y C L G J T L
W S L A J O P K T H T M K D J M O B
M P X X Q L H T S O E W P E C U O O
P M I I Q K P L M X B Q L J W D T N
D D U N R B Z O F O P F U T M U W G
G H X T K Y Y V I Y N F E E W G H O
I J P R B U H E V X B T K A F A Z G
D D V P L M M F B Z U P J K C U Y C
```

Find the following words in the puzzle.
Words are hidden → ↓ and ↘ .

HEARTS   KISS   PINK
HUG   LOVE

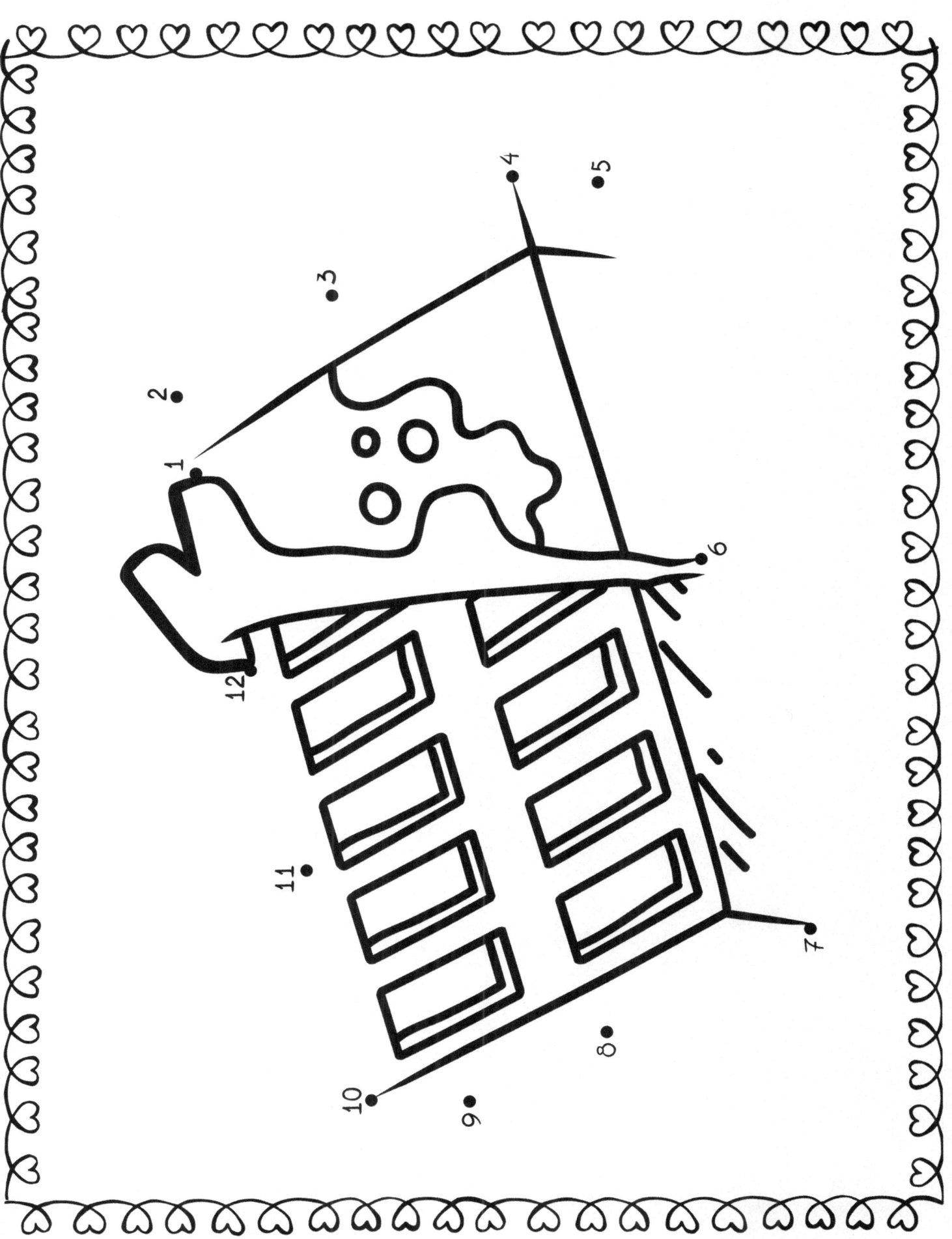

Find 9 Differences

Word Search

```
A W L O A M S F X U R Q S D U T S L
J R U T B S W P C V E C W O S N K E
P O S S F Y Q Z Q W A C Q E P N B X
N S U I J Y C F A D K L A J I O C W
L E W W Q R R F G J U M E P Q Q E P
U S V H N E A D M B R D L N B S W M
V I A J J D C T X K B N M L T W H I
C B Z J R F O M Q K E R W M Y I S Q
V R O M A N C E B L A Z V H W S N V
H A Z X V A J E T Y L J B N D E Q E
Q R L S G I U N Y S L V Z B J U W X
E B B F T J X O B H U L V O K Y E L
```

Find the following words in the puzzle.
Words are hidden → ↓ and ↘ .

POEM   ROMANCE   VALENTINE
RED   ROSES

Find 9 Differences

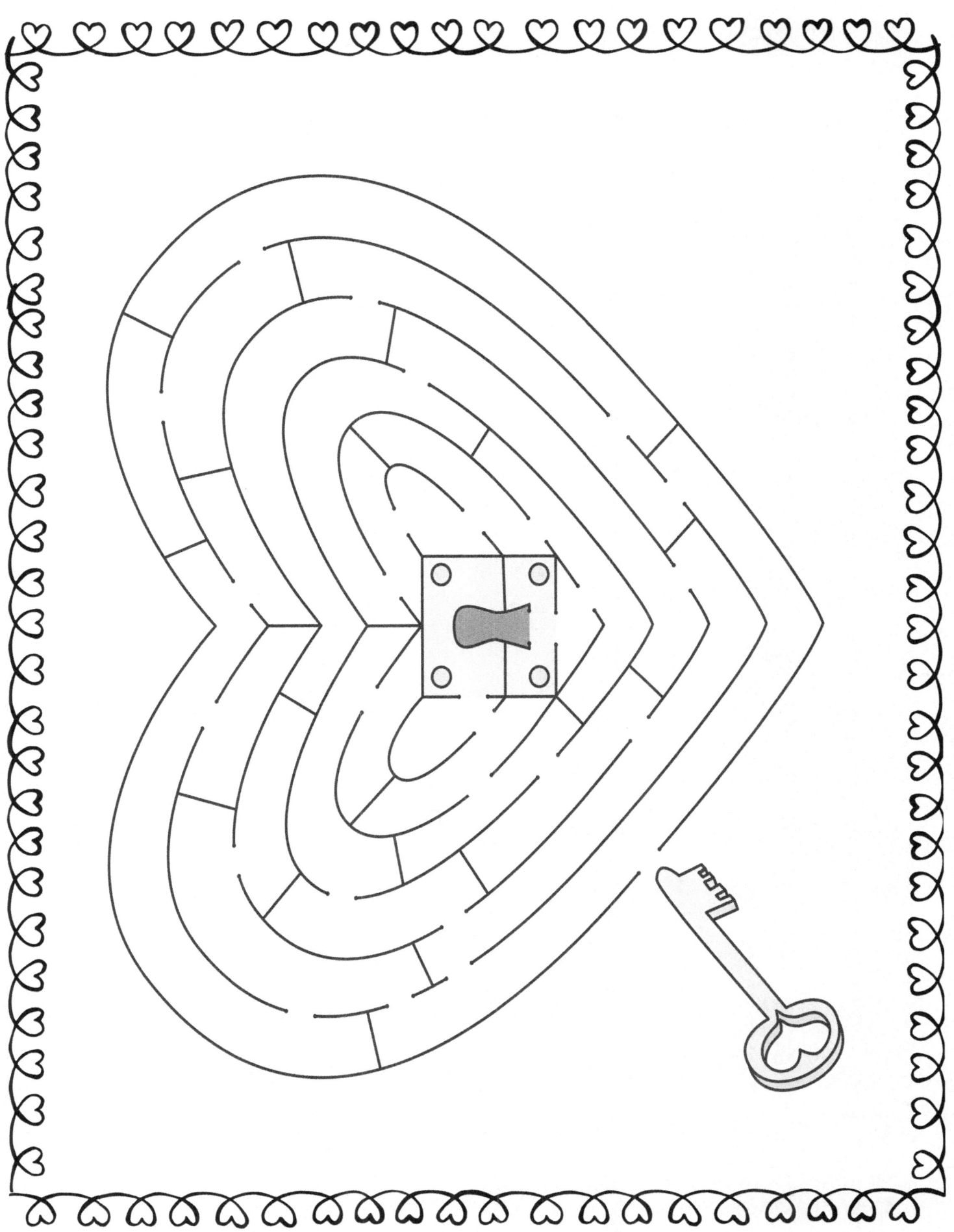

Word Search

```
X B G W A Q A A X T X N Z D J F R A
N A V E A H B V R S J L V Z H Q U Q
O M A C L H V Y L R L J Q E M R C Y
U J W R H Q G O C D O H A E X M O C
F C F A A O U L Q X E W L I H T T S
Z F H E F S C V I X G P W S T M X Y
T R E G A S Q O C U P I D E W A Y G
O O A T I W V B L R E U F M B N Z P
L C R E P D L A X A N Y P T Y F N X
E E T Q N P F Z D M T C I S V S P Q
B M U I H Y K N E Z P E F Q K R M E
Y E E B H G G I P I F T E M W R E Z
```

Find the following words in the puzzle.
Words are hidden → ↓ and ↘ .

ARROW CUPID HEART
CHOCOLATE GIFT

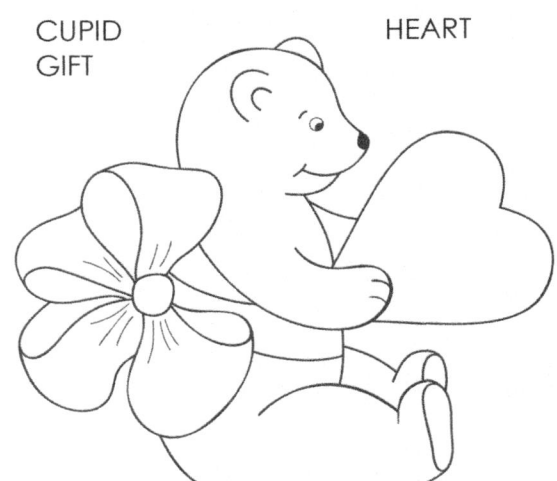

Find the Differences
Answers

Maze
Answers

Word Search

Answers

```
A D O R E . . . . . . . .   A . . . .
. . . . . . . . . . . . .   F . . . .
. . . . . . . . . . . . .   F E . . .
. . . . . . . . . . . . .   E C . . .
. . . . . . . . . . . . .   C T . . .
B E L O V E D . . . . . .   T I . . .
. . . B E M I N E . . . .   I O . . .
. . . . . . . . . . . . .   O N . . .
. A R R O W . . . . . . .   N . . . .
. . . . . . . . . . . . .   . . . . .
```

```
. . C . . . . . . . . . . . .
. . . H . . . . . . . . . . .
. . B . A . . C H O C O L A T E . . .
. . O . M . . . . . . . . . . .
. . C Y . P . . C . . . . . . .
. . A . . F A . . H . . . . . .
. . N . . . R . G . . E . . . .
. . D . . . . I . . N . . . R .
. . Y . . . . E . U . . . . . B
. . . . . . . N . D . . . . . .
. . . . . . D . . . . . . . . .
```

```
. C . . . . . . . . . . . . .
. U . . . . . . G . D A R L I N G .
. P . . . . . . I . . . . . . .
. I . . . . . R . . . . . . .
. D . . . . . F L . . . . . . .
. . . . . . . L F G . . . . . .
. . . . . . . O R I . . . . . .
. . . . . . . W E . I F . . . .
. . . . . . . E R . E T . . . .
. . . . . . . R . . . N S D . .
. . . . . . . S . . . . . . . .
```

```
. . . . . . . . K . H . . .
. . . . . . . . I S S . . . .
. H E A R T S . . . I S S . . U . .
. . . . . . . . . S . . G . .
. . P . . . . . . I . . L . . .
. . I . . . . . . N . . O . . .
. . N . . . . . . K . . V E . . .
. . . . . . . . . . . . E . . .
```

```
. R . . . . V . . . . . . .
. O . . . . . . A . P . . .
. S . . . . R . L . O . . .
. E . . . W . . E . . E . . .
. S . . E . . . N . T . . .
. . . . D . . . . . . I . . .
. R O M A N C E . . . . . I N .
. . . . . . . . . . . . . . E .
```

```
. . . . . . . . . A . R . . .
. . . . . . . . . . R . R . .
. . . . C . . . . . . R . O . .
. . . . H . . . . O . . . W . .
. . H . C . . G . . . . . . . .
. . E . . . . . O C U P I D . .
. . A . . . . . L . . . F . . .
. . R . . . . . A . . . T . U .
. . T . . . . . T . . . . . . .
. . . . . . . . . E . . . . . .
```

Made in the USA
Middletown, DE
16 January 2021